AF477189

Basel

DEIN CITY TAGEBUCH

Dieses Buch gehört:

Vorname ____

Name ____

Email ____

Telefon ____

Adresse ____

____

____

Mit Liebe verlegt von der What I Like GmbH
in der Schweiz.

© 2017 What I Like GmbH

Alle Rechte vorbehalten. Kein Teil dieser Publikation darf ohne
vorherige schriftliche Genehmigung der What I Like GmbH
reproduziert, gespeichert oder übertragen werden.

ISBN 978-3-9524809-4-6

Für personalisierte- oder gebrandete Editionen
sowie Kundengeschenke kontaktieren Sie uns bitte
via Email unter mail@whatilike.com.

Idee und Konzept
What I Like GmbH

Basel

Basel

Basel - Zahlen & Fakten
Anzahl Einwohner (2016): 171'017
Fläche (in km^2): 22,75
Höhe ü. Meer (in m): 260
Gegründet: um 120 v. Chr.

Der Stempel der Stadt Basel
(Der Beweis, dass du wirklich hier warst – *Erhältlich bei Basel Tourismus*)

Basel

DEIN CITY TAGEBUCH

Inhalt

What
I Like

So funktioniert's

Griezi!

Schön, dass du das *What I Like* City-Tagebuch für Basel
in deinen Händen hältst. Basel – Was für eine tolle Stadt!

Mit diesem Buch kannst du
( ) alle deine Lieblingsorte in Basel festhalten.
( ) Freunde mit wertvollen Tipps beglücken.
( ) dich neu in diese Stadt verlieben.

Füll es aus, bewerte jeden Beitrag mit ☆ bis
☆☆☆☆☆ und klebe gesammelte Visitenkarten ein.
So machst du dieses Buch zu deinem ganz persönlichen
Städteführer.

Aber Vorsicht! Wenn du es deinen Freunden leihst, wirst
du dein *What I Like* City-Tagebuch wahrscheinlich nie
wiedersehen.

Über dich

Du reist gerne
( ) alleine. ( ) in Gruppen.
( ) in guter Gesellschaft.

Du erstellst eine Check-Liste fürs Packen.
( ) Check! ( ) Nein

Du nimmst tendenziell zuviel mit.
( ) Ja ( ) Oh ja!

Du trägst deinen Koffer selbst.
( ) Ja ( ) Nein

Dein Lieblingstransportmittel:
( ) Zug ( ) Flugzeug ( ) Auto ( ) Fahrrad
( ) Motorrad ( ) Boot ( ) Privat-Jet

Du bist (*wähle so viele du magst*)
( ) ein Geniesser.
( ) ein Abenteurer.
( ) eine Partynudel.
( ) gefangen in deinem Budget.
( ) ein Städteführer-Auswendiglerner.

Die erste Stadt, in die du dich verliebt hast:

(*diese Stadt*) _______________________________________

Drei Dinge, die du an Städtereisen liebst:

1. ____

2. ____

3. ____

Du bist in Basel, weil du

hier ____

In Basel warst du
( ) bisher nur ein Mal. ( ) 2 - 10 Mal. ( ) über 10 Mal.
( ) schon immer. ( ) noch nie!

Das liebst du an Basel:

(*das*) _______________________________________

____

Lieblingsorte

IN BASEL

**Dein absoluter Lieblingsort
in Basel:**

ORT ____

☆☆☆☆☆ FÜR ______________________________________

SAG WARUM ______________________________________

____

____

WIE KOMMT MAN AM BESTEN HIN? ____________________

____

Dein Lieblingsquartier:

QUARTIER ____

☆☆☆☆☆ FÜR ______________________________________

SAG WARUM ____

____

____

WIE KOMMT MAN AM BESTEN HIN? ___________________________

____

Deine Lieblingsstrasse:

STRASSE ____

☆☆☆☆☆ FÜR ______________________________________

SAG WARUM ____

____

____

WIE KOMMT MAN AM BESTEN HIN? ___________________________

____

Dein Lieblingsgebäude:

GEBÄUDE ____

☆☆☆☆☆ FÜR ____

SAG WARUM ____

____

____

WIE KOMMT MAN AM BESTEN HIN? ________________________

____

Dein Lieblingsplatz:

PLATZ ____

☆☆☆☆☆ FÜR ____

SAG WARUM ____

____

____

WIE KOMMT MAN AM BESTEN HIN? ________________________

____

Dein Lieblingspark:

PARK ____

☆☆☆☆☆ FÜR _______________________________________

SAG WARUM ____

____

____

WIE KOMMT MAN AM BESTEN HIN? ______________________

____

Dein Lieblingsaussichtspunkt:

AUSSICHTSPUNKT ____________________________________

☆☆☆☆☆ FÜR _______________________________________

SAG WARUM ____

____

____

WIE KOMMT MAN AM BESTEN HIN? ______________________

____

Ein kleiner Stadtrundgang:
(Mach eine einfache Skizze)

Übernachten

IN BASEL

**Deine Lieblingsübernachtungsmöglichkeit
in Basel:**

HOTEL / B&B ____

☆☆☆☆☆ FÜR ____

WAS GEFÄLLT DIR HIER? ____

____

ADRESSE ____

____

WWW ____

Oder:
( ) Bei (*dieser Person*) ____
( ) Bei dir zuhause.

Hier schläft man gut und günstig:

HOTEL / B&B ____

☆☆☆☆☆ FÜR ____

WAS GEFÄLLT DIR HIER? ______________________________________

____

ADRESSE ____

____

WWW ____

Hier wolltest du schon immer mal absteigen:

HOTEL / B&B ____

☆☆☆☆☆ FÜR ____

WAS GEFÄLLT DIR HIER? ______________________________________

____

ADRESSE ____

____

WWW ____

Visitenkarten von Hotels und anderen Übernachtungsmöglichkeiten:
(Bitte sorgfältig einkleben)

Essen

IN BASEL

Du magst
( ) gut & günstig.   ( ) kulinarische Höhenflüge.
( ) weisse Tischtücher.   ( ) runde Teller.
( ) Bedienung mit Deutschkenntnissen.   ( ) gutes Licht.
( ) regionale Zutaten.

Dein Lieblingsrestaurant
in Basel:

RESTAURANT ____

☆☆☆☆☆ FÜR _______________________________________

WAS ISST MAN HIER? _______________________________________

____

ADRESSE ____

____

WWW ____

Bestes Frühstück / Bester Brunch:

RESTAURANT ____

☆☆☆☆☆ FÜR ____

WAS ISST MAN HIER? ____________________________________

____

ADRESSE ____

____

WWW ____

Auch gut für Frühstück / Brunch:

RESTAURANT ____

☆☆☆☆☆ FÜR ____

WAS ISST MAN HIER? ____________________________________

____

ADRESSE ____

____

WWW ____

Bestes Mittagessen:

RESTAURANT ____

☆☆☆☆☆ FÜR ____

WAS ISST MAN HIER? ________________________________

____

ADRESSE ____

____

WWW ____

Essen mit Aussicht:

RESTAURANT ____

☆☆☆☆☆ FÜR ____

WAS ISST MAN HIER? ________________________________

____

ADRESSE ____

____

WWW ____

Am besten zu zweit:

RESTAURANT ____

☆☆☆☆☆ FÜR ____

WAS ISST MAN HIER? ____

____

ADRESSE ____

____

WWW ____

Am besten mit Familie & Freunden:

RESTAURANT ____

☆☆☆☆☆ FÜR ____

WAS ISST MAN HIER? ____

____

ADRESSE ____

____

WWW ____

Visitenkarten von Restaurants:
(Bitte sorgfältig einkleben)

Einkaufen

IN BASEL

Du magst
( ) freundliche Beratung.   ( ) spezielle Mitbringsel.
( ) ein tolles Einkaufserlebnis.   ( ) lokale Spezialitäten.
( ) billiges Parken.   ( ) grosse Auswahl. ( ) kleine Preise.
( ) Ausgefallenes.

**Dein Lieblingsgeschäft
in Basel:**

GESCHÄFT ____

☆☆☆☆☆ FÜR ____

WAS KAUFST DU HIER? _____________________________________

____

ADRESSE ____

____

WWW ____

Genau dein Style:

GESCHÄFT ____

☆☆☆☆☆ FÜR ____

WAS KAUFST DU HIER? ____

____

ADRESSE ____

____

WWW ____

Das beste Souvenir-Geschäft:

GESCHÄFT ____

☆☆☆☆☆ FÜR ____

WAS KAUFST DU HIER? ____

____

ADRESSE ____

____

WWW ____

Hier gibt's die besten Lebensmittel:

GESCHÄFT ____

☆☆☆☆☆ FÜR ______________________________________

WAS KAUFT MAN HIER? ____________________________________

____

ADRESSE ____

____

WWW ____

Für Wein & Spirituosen:

GESCHÄFT ____

☆☆☆☆☆ FÜR ______________________________________

WAS KAUFT MAN HIER? ____________________________________

____

ADRESSE ____

____

WWW ____

Der beste Flohmarkt:

FLOHMARKT ____

☆☆☆☆☆ FÜR ____

WAS FINDET MAN HIER? ____

____

ADRESSE ____

____

WOCHENTAG ____

Der beste 24-Stunden Laden:

LADEN ____

☆☆☆☆☆ FÜR ____

WAS KAUFT MAN HIER? ____

____

ADRESSE ____

____

WWW ____

Visitenkarten von Geschäften:
(Bitte sorgfältig einkleben)

    Basel

Cafés

IN BASEL

Du magst
( ) gute Kaffee-Kultur. ( ) leckere Kuchen.
( ) süsse Bedienung. ( ) gratis WiFi. ( ) gemütlich.
( ) Menschen beobachten. ( ) in Ruhe arbeiten.
( ) heimlich einheimisch. ( ) Kaffeeketten.

**Dein Lieblingscafé
in Basel:**

CAFÉ ____

☆☆☆☆☆ FÜR ____

WAS IST GUT HIER? ___________________________________

____

ADRESSE ____

____

WWW ____

Den besten Kaffee gibt's hier:

CAFÉ ____

☆☆☆☆☆ FÜR _______________________________

WAS IST GUT HIER? _________________________________

____

ADRESSE ____

____

WWW ____

Für informelle Treffen:

CAFÉ ____

☆☆☆☆☆ FÜR _______________________________

WAS IST GUT HIER? _________________________________

____

ADRESSE ____

____

WWW ____

Um mit fremden Menschen in's Gespräch zu kommen:

CAFÉ ______________________________________

☆☆☆☆☆ FÜR ______________________________

WAS IST GUT HIER? ________________________________

____

ADRESSE ______________________________

____

WWW ______________________________

Die coolste Einrichtung:

CAFÉ ______________________________________

☆☆☆☆☆ FÜR ______________________________

WAS IST GUT HIER? ________________________________

____

ADRESSE ______________________________

____

WWW ______________________________

Visitenkarten von Cafés:
(Bitte sorgfältig einkleben)

Noch mehr Visitenkarten von Cafés:
(Bitte immernoch sorgfältig einkleben)

Y

Ausgehen

IN BASEL

Du magst
( ) coole Leute.   ( ) aussergewöhnliches Ambiente.
( ) überraschende Cocktails.   ( ) klassische Drinks.
( ) Live-Musik.   ( ) schummriges Licht.
( ) Haken für Mäntel und Handtaschen an der Bar.

Deine Lieblingsbar in Basel:

BAR ____

☆☆☆☆☆ FÜR ____

WAS TRINKT MAN HIER? ________________________________

____

ADRESSE ____

____

WWW ____

Die beste Cocktail-Bar:

BAR ____

☆☆☆☆☆ FÜR ______________________________________

WAS TRINKT MAN HIER? ______________________________

____

ADRESSE ____

____

WWW ____

Um Leute kennenzulernen:

BAR ____

☆☆☆☆☆ FÜR ______________________________________

WAS TRINKT MAN HIER? ______________________________

____

ADRESSE ____

____

WWW ____

Dein Lieblings-Ausgeh-Quartier:

QUARTIER ____

☆☆☆☆☆ FÜR _______________________________________

SAG WARUM ____

____

____

WIE KOMMT MAN AM BESTEN HIN? _______________________________

____

Dein Lieblingsclub:

CLUB ____

☆☆☆☆☆ FÜR _______________________________________

MUSIKRICHTUNG _______________________________________

____

ADRESSE ____

____

WWW ____

Verpflegung zu später Stunde:

IMBISS / RESTAURANT ____

☆☆☆☆☆ FÜR ____

WAS ISST MAN HIER? ____

____

ADRESSE ____

____

WWW ____

Letzte Runde:

BAR / CLUB ____

☆☆☆☆☆ FÜR ____

WAS TRINKT MAN HIER? ____

____

ADRESSE ____

____

WWW ____

Visitenkarten von Bars & Clubs:
(Bitte sorgfältig einkleben)

Kultur

IN BASEL

Du magst
( ) gute Unterhaltung. ( ) Konzerte. ( ) Grossanlässe.
( ) Hausparties. ( ) Lesungen. ( ) Ausstellungen.
( ) grosses Kino. ( ) Theater. ( ) Subversives.
( ) Kunst. ( ) Festivals aller Art.

Deine Lieblingsveranstaltung
in Basel:

VERANSTALTUNG ____

☆☆☆☆☆ FÜR ____

WANN FINDET SIE STATT? ___________________________________

____

ADRESSE ____

____

WWW ____

Dein Lieblingsmuseum:

MUSEUM ____

☆☆☆☆☆ FÜR ____

WAS SIEHT MAN HIER? _______________________________________

____

ADRESSE ____

____

WWW ____

Dein Lieblingskino / Lieblingstheater:

KINO / THEATER ____

☆☆☆☆☆ FÜR ____

WAS SIEHT MAN HIER? _______________________________________

____

ADRESSE ____

____

WWW ____

Lieblingsveranstaltung im Frühling:

VERANSTALTUNG ____

☆☆☆☆☆ FÜR ____

WANN FINDET SIE STATT? ____

____

ADRESSE ____

____

WWW ____

Lieblingsveranstaltung im Sommer:

VERANSTALTUNG ____

☆☆☆☆☆ FÜR ____

WANN FINDET SIE STATT? ____

____

ADRESSE ____

____

WWW ____

Lieblingsveranstaltung im Herbst:

VERANSTALTUNG ____

☆☆☆☆☆ FÜR ____

WANN FINDET SIE STATT? ____

____

ADRESSE ____

____

WWW ____

Lieblingsveranstaltung im Winter:

VERANSTALTUNG ____

☆☆☆☆☆ FÜR ____

WANN FINDET SIE STATT? ____

____

ADRESSE ____

____

WWW ____

Menschen

IN BASEL

Du magst es
( ) verbindlich.   ( ) easy.   ( ) gesellig.   ( ) gemütlich.
( ) im kleinen Rahmen.   ( ) in grossen Gruppen.

**Dein Lieblingsmensch
in Basel:**

VORNAME ____

NACHNAME ____

HIER HABT IHR EUCH KENNENGELERNT _______________________________

____

ADRESSE ____

____

TELEFONNUMMER ____

EMAIL ____

Das ist ein echter Basler / eine echte Baslerin:

NAME ____

HIER HABT IHR EUCH KENNENGELERNT ______________________

____

ADRESSE ____

____

TELEFONNUMMER _____________________________________

EMAIL ____

Die letzte Person, die du in Basel kennengelernt hast:

NAME ____

HIER HABT IHR EUCH KENNENGELERNT ______________________

____

ADRESSE ____

____

TELEFONNUMMER _____________________________________

EMAIL ____

Visitenkarten von Menschen:
(Bitte sorgfältig einkleben)

Notizen

52

Die *What I Like* City-Tagebücher sind jetzt erhätlich auf
www.whatilike.com
sowie in ausgesuchten Geschäften in der Schweiz.